साँझ

(कविता, ग़ज़ल, शायरी संग्रह)...

साँझ

(कविता, ग़ज़ल, शायरी संग्रह)...

कमलाकर मिश्र 'कमल'

शिवांक प्रकाशन
नई दिल्ली–110002

लेखक : कमलाकर मिश्र 'कमल'

प्रकाशक : **शिवांक प्रकाशन**
12—B, गोला कॉटेज, अंसारी रोड
दरियागंज, दिल्ली—110002

ISBN : 978-81-949713-4-4
दूरभाष : 011-43586184, 9811734184
ई—मेल : shivank.prakashan@gmail.com
मुद्रक : एशियन प्रिंटर्स, दिल्ली (9899442454)
शाहदरा, दिल्ली—32
प्रथम संस्करण : 2025

प्राक्कथन

गीत अक्सर लिखे नहीं जाते बल्कि सालों तक दिल की सबसे गहरी रग में बसे हुए भाव को जैसे ही माकूल हरारत मिलती है , लफ़्ज़ खूबसूरत भाव बनकर गजल में ढलने लगते हैं । कमल जी की गज़ल में भी गुजिश्ता जिंदगी के कुछ खूबसूरत लम्हे आँच मिलते ही पिघलने लगते हैं। कुछ गजलों में थमें हुए दर्द भी है और लाचारी भी ।
" पहुंची तो होगी तुम तक वो चिट्टियां हमारी, समझे तो तुम भी होगे मजबूरियां हमारी "

वक्त और हालात इस कदर लफ्जों की लिखावट में दरार डाल देता है ,यह भी कई बार उनकी गजलों में परिलक्षित होता है ।" जो अनकही थी वो तुम क्यों कर न समझ पाए ,
तुम पढ़ तो लेते कोरी वो चिट्ठियां हमारी।"

वक्त की सफेद राख किस कदर ,अंदर अंदर सुलग रहे नारंगी आँच को ढँक लेती है ,इसकी खूबसूरत बानगी इस शेर में है । इसी तरह कमल जी ने जिंदगी की किताब के कुछ पुराने वर्क उल्टे और उस दौर की धड़कन पर अपनी उंगलियां रख दी, जहां हर एहसास पाकीज़ा और अपनेपन से भरा था ।

" अब लिखू किसको जो दिल में है भरा, लिखके रख देता हूं अपनी चिट्टियां,
किसको है फुर्सत पढ़े, समझे इन्हें,
खुद ही पढ़ लेता हूं अपनी चिट्टियां ।"

इस शेर में कमल जी ने अपने कलेजे से निकले कुछ भाव कुछ लफ्ज, कागज की मुट्ठी में थमा देने और उनके पढ़े जाने के पुराने लुत्फ़ का जिक्र किया है । बदलते वक्त ने कागजों पर उकेरी हुयी जिंदगी से लबरेज़ और खुशी और रिसते हुए ग़म दोनों को ही काफूर कर दिया । चिट्ठीया ,उस कागज पर लिखे लफ्ज़ को बार-बार छूने ,चूमने और महसूस करने के सुख काफी खूबसूरती से वर्णन करता है ।

अक्सर जब हम अपने सबसे खूबसूरत मरासिम के नाकाम होने पर से बहुत दूर चले जाते हैं ,उसके साथ बीता हर पल हमें उसी दौर में लौटने के लिए मजबूर करने लगता है, हम लौट नहीं सकते लेकिन वह पल हमारी पलकों पर बैठ जाते हैं ।
" जब मेरे गीतों से मिलते होंगे,
अपना किरदार परखते होंगे ।
लाख कोशिश करें छुपाने की,
अश्क़ पलकों से छलकते होंगे ।
थरथरा के होंठ रह जाते होंगे,
दिल को कैसे संभालते होंगे ।

इश्क में अक्सर कहा लफ्जों के रूप में निकल जाता है और बहुत कुछ अनकहा होठों पर अटक जाता है यही बात कमल जी के शब्दों में ढलते ही करोड़ों लोगों के दिल के भाव बन जाते हैं . कमल जी की गजलों में उस प्रेमी की ध्वनि सुनाई देती है जो दूर बैठे अपनी गुजिस्ता जिंदगी के पलों को निहार रहा है जिसमें बहुत लताफत भरे लम्हे और गुनगुने से पल रहे है । यह मुनादी पीटते कवि की चीत्कार नहीं है बल्कि हौले से अपने सीने में जब्त खुशनुमा पलों को सहला कर, होठों तक लाने की खूबसूरत यात्रा है.

कमल जी अपनी यात्रा में बहुत सी नसीहत देते भी दिखाई देते हैं." तुम मेरे गीतों को पढ़कर मत रोना . जज्बातों पर मोती की बूंदे मत खोना" , वहीं दूसरी तरफ ना चाहते ही भी दिल का सूरते हाल बयान कर पाने का मलाल भी दिखता है। " लिखने की जुस्तजू में क्या से क्या मैं लिख गया, लिखना था झूठी खैरियत सूरते हाल लिख गया" । उनकी इसी ग़ज़ल में जिंदगी का वह सच है, इसमें जो हमें नहीं मिलता उसका दुख हम अक्सर साल लेते हैं और जो मिला होता उसे दरकिनार करते हैं। " मालिक ने जो दिया मैं उससे खुश न रह सका , जो पा न सका बस वही मलाल लिख गया" । कुल मिलाकर कमल जी की गजलों और गीत में बेहद सादा जबानी में इश्क़, बिछड़ना ,जिंदगी के दर्शन के अनेक रंग , अलग-अलग सतह पर दिखाई देते हैं। कमल जी की किताब " सांझ" दिनभर की हलचल भरी गतिविधि के बाद शाम की खामोश पुकार है

सादर आभार

अविनाश त्रिपाठी

गीतकार, पटकथा लेखक, फिल्मकार

पुस्तक के सन्दर्भ में

ग़ज़ल संग्रह में मुख्य रूप से 38 ग़ज़लें है लेकिन 36 विषयानुकूल कविताओं को भी इसमें शामिल किया गया है और इसका शीर्षक भी एक कविता के नाम पर ही दिया गया है जिसमे सांझ (शाम) का आवाहन किया जा रहा है ! सांझ को उदासी से प्रतिबिंबित करते हुए आवाहन किया गया है जिसमे कवि किसी प्रकार के उल्लास और हर्ष के आकर्षण से दूर विषाद का अनुभव करना चाहता है ! कभी कभी ये मनोदशा भी अपरिहार्य हो जाती है ! इस पुस्तक में संकलित अधिकांश कवितायेँ एवं ग़ज़लें रूमानियत से प्रभावित है एवं स्वाभाविक रूप से रूहानी भी हैं ! वफादारी, बेवफाई, शिकायतें, प्रेम, सम्मान, अपमान इत्यादि विषयों को छूने की कोशिश करती हुई रचनाएं कितनी सफल और सार्थक बन पड़ी है ये तो नहीं जानता लेकिन मौलिक सोच और अनुभूति से भरी हुए इन रचनाओं में बनावटी सामान न हो ये कोशिश जरूर हुई है ! पुस्तक के अंत में करीब (99) दो लाइन, चार लाइन वाले शेर /मुक्तक भी है जो यदा कदा उठने वाले भावों की उपज है बस तुकबंदी के रूप में ! कभी कभी कुछ सार्थक भी उतर आया है कागजों पर लेकिन अधिकांश में तुकबंदी का ही प्रयास रहा है कुछ गंभीर तो कुछ सामान्य भावों के साथ !

व्यथित हृदय की तात्कालिक अनुभूति में बहुत सी रचनाओं का जन्म होता है जिसकी उपज है ये संकलन ! आशा है मेरे प्रयास को आशीर्वाद मिलेगा और उत्साह वर्धन भी !

कमलाकर मिश्र 'कमल'

भावनाओं को समर्पित

विषय सूची

ग़ज़लें

कवितायें

1

सांझ आज मेरे घर आना

सांझ आज मेरे घर आना
दीप रखे हैं अंधेरों के
तुम भी आकर अश्रु बहाना
सांझ आज मेरे घर आना ॥

पहले भी था तुम्हे निमंत्रण
जब थे दीपक उजियालों के
किन्तु आज वो मत दुहराना
सांझ आज मेरे घर आना ॥

लाना अपने साथ सभी को
जिनको मिलतीं तुमसे खुशियाँ
उनको अपने साथ रुलाना
सांझ आज मेरे घर आना ॥

सभी बुलाते होंगे तुमको
मन अपना बहलाने के हित
तुम्हे कसम है आज न जाना
सांझ आज मेरे घर आना ॥

कुछ कम हो जाएँ मेरे गम
भूल जाऊं अपने बीते दिन
ऐसी कोई बात न करना
सांझ आज मेरे घर आना ॥

तुम हो दिन का ढलता यौवन
तुमको है अनुभव हर पल का
आज किन्तु कुछ याद न करना
सांझ आज मेरे घर आना ॥

❑❑❑

2

दर्द

दर्द बेचने आया हूँ, बोलो, तुम लोगे?
वर्षों पहले मैं ही सुख बेचा करता था।
सब मुझको पागल कहते थे।
छीन लिए सबने सुख सारे बिना ख़रीदे
तब मैंने दुखों की ये दूकान लगायी।
तब भी सब पागल कहते थे।
लेकिन छीना नहीं दुखों को बल्कि बढाया
शुरू किया घर घर पहुँचाना मुफ्त बाँटना।
सब मुझको पापी कहते है।
उनकी स्वार्थ सिद्धि तक तो पागल ही था मैं
पापी मुझे बनाया मेरी अभिलाषाओं ने
किन्तु कौन जननी हैं मेरी अभिलाषाओं की।
कोई कुंठा जली हुई कोई फुलवारी।
जिसमे फूल खिलाये थे सपनो के मैंने
किन्तु लाभ क्या इन बातों को क्यों सोचूँ अब?
दर्द बहुत हैं, बाँट नहीं पाया हूँ अब तक
कौन खरीदेगा मुझसे? बोलो, तुम लोगे?

❑❑❑

3

जमीर के खरीदार

खोखली हंसी के तलबगार बहुत हैं
स्याह रातों के गुनहगार बहुत हैं
जानता हूँ तेरे हर शिकार का पता
खुद की बर्बादी के हक़दार बहुत है ॥

खुद को खुदा समझने लगे चंद सिरफिरे
दौलत के नशे में ये लाचार बहुत हैं
शोहरत खरीद लेते है दौलत के ढेर से
इनके जमीर के भी खरीदार बहुत है ॥

❑❑❑

4

सफर

यहाँ हर शख्स तनहा है
यहाँ पर सब मुसाफिर है
घडी भर को ही मिलते है
नए रिश्ते बनाते है ॥
मंजिल सबकी आनी है
सफर से घर रवानी है
रोना है बिछड़ना है
सफर पर फिर रवानी है ॥
अंधी दौड़ में सब है
सोये ही हुए सब है
सबका एक ही रब है
मगर ये जागते कब है ॥
सफर जब ख़त्म होता है
इन्हे तब ज्ञान होता है
सदा वो याद रहता है
जो बंदा नेक होता है ॥

❐❐❐

5

सच या सोच

कुछ पता नहीं चलता तू सच है या मेरी सोच
भरोसा है तुझपर मगर अपनी सोच पर भी है
मैं जब भी देखता हूँ तुझको खुशियों की तलाश में
तो ये महसूस होता हैं कि मैं तेरी तलाश नहीं हूँ॥

और कभी जब तुझको पाता हूँ अपनी तलाश में
अपनी सोचों पर शर्मिंदा भी हो जाता हूँ
मगर कुछ ही देर के लिए
क्योंकि अगले ही पल तुझे कहीं और पाता हूँ॥

यकीन करना भी चाहूं तसल्ली देना भी चाहूं
मगर मैं क्या करूं जब तू किसी के दर्द में सिसके
किसी और के पन्नों में ढूँढूं तो तुझे पाऊँ
किसी की ख़ुशी की खातिर तुझे जाता वहां पाऊँ॥

तू सच क्यों नहीं कहता मुझसे डर तुझे कैसा
तू क्यों कह नहीं देता कमल मुरझा गया है अब
नाइंसाफी मत करना मेरी चाहत पे शक करके
तू बस लौट आना अगर मेरा दर्द ए दिल समझे॥

❏❏❏

6

काश

काश कि तुमने उसको ठीक से जाना होता
काश तहे दिल से उसे तुमने मनाया होता
उसकी बेवफाई के किस्से तो तुम गढ़ो लेकिन
काश कि खुद को भी आईने में निहारा होता ॥

आज लब उसके खुल गए तो फिर शिकवा क्यों कर
उसको तुमने ही तो इसके लिए मजबूर किया
सीख कर गैरों से मक्कारी की अदाकारी
बेगुनाह उसकी आँखों को अश्कबार किया ॥

आज भी वो न तेरी राह में आना चाहे
तू उसे चाहे न चाहे, वो तुझे चाहे
करके तेरे जुल्म दफ़न बेगुनाह सीने में
दूर होके भी तेरी ही वो खैरियत चाहे ॥

वक्त है अब भी संभल जा सम्भाल ले उसको
वक्त निकला तो फिर लौट के न आएगा
मत हो गुमराह गुनाहों से कर ले तौबा
गिर न इतना, किसी को नजर न आएगा ॥

❑❑❑

7

क्या करें

दिल है बेचैन तो हम क्या करें
टूटते हैं ख्वाब तो हम क्या करें
झूठ ने जब शान से सिर को उठाया
झुक गया सच शर्म से हम क्या करें ॥

सब ये यकीं करना अपनी फितरत है
टूटता है पर यकीं तो क्या करें
ख्वाब कब पूरे हुए सारे किसके
कमल के भी ना हुए तो क्या करें ॥

दिल में जिनको हमने बसा रखा है
नजरें फिरा के चल दिए तो क्या करें
दूसरों के पहलू में जा बैठे वो
झूठी मजबूरी बता कर, क्या करें ॥

हमने सच की आस लगा रक्खी थी
झूठ आगे आ गया हम क्या करें
जब भी हमने दर्द बयां किया दिल का
वो हुए हमसे खफा हम क्या करें ॥

8

उलझन

है मेरी खुशकिस्मती या दुःख इसे मानूं कमल
दिल में है उलझन बहुत पर ये कहूं किससे कमल ॥
घर जिसे हमने बनाया जिसकी छाया में रहा
अनगिनत यादें समेटे छोड़कर अब जा रहा ॥
घर भी शुभ इससे निकलना और भी शुभ हो गया
इतने अवसर मिल गए कि वक्त थोडा पड़ गया ॥
हमको आता है बनाना घर नया दुनिया नयी
जोश बढ़ जाता है जब हो सामने मुश्किल नयी ॥
है उन्हें शुभकामना जिनकी बदौलत ये हुआ
मुश्किलें कोई न हों उनके लिए ये है दुआ ॥

❑❑❑

9

ठोकरों को शुक्रिया

हमको ख़बरदार कर दिया,
ऑंखें खोल दी, जगा दिया
जिंदगी की राह पे चलना सिखा दिया
कौन अपना पराया है बता दिया
चेहरे के पीछे का चेहरा दिखा दिया ॥
गिर के संभलना सिखा दिया
औरों से सीखना सिखा दिया
दर्द को सहना, छुपाना सिखा दिया ॥
दूसरों ने जो रखे थे राह में पत्थर
उन पत्थरों से बच के निकलना सिखा दिया
ना रखो तुम दूसरों क़ी राह में पत्थर
दर्द देकर तुमको ठोकर ने ये बता दिया ॥

❑❑❑

10

तुम याद मुझे आये तब तब

जब सोया तुमको याद किया
जब जागा याद तुम्ही आये
सपनों में भी तुम ही तुम थे
कुछ याद नहीं हम भूले कब
तुम याद मुझे आये तब तब ॥

दिल से नज़रों की बात सुनी
ख़ामोशी में जज्बात बहे
जब भी नयनो से नीर बहे
जब दिल ने ठंडी आह भरी
तुम याद मुझे आये तब तब ॥

जब रोया तुमको याद किया
हर हंसी में याद तुम्हारी थी
ऐसा कोई दिन याद नहीं
तुम याद न हमको आये जब
तुम याद मुझे आये तब तब ॥

जब मन को कोई ख़ुशी मिली
जब मन को कोई पीर मिली
जब मन तन्हाई में डूबा
जब महफ़िल से ये मन ऊबा
तुम याद मुझे आये तब तब ॥

जब भी वो मधुर बयार चली
जब भी उन राहों से गुजरा
जब भी उन बागों में भूला
जब भी उस दरिया को देखा
तुम याद मुझे आये तब तब ॥

जब भी मैं मंदिर में बैठा
या जब भी मैं दरगाह गया
जब गुरूद्वारे पे जा पहुंचा
या चर्च के भीतर जा बैठा
तुम याद मुझे आये तब तब ॥

जब भी कोई पत्थर देखा
जब दिल टूटा कोई देखा
जब झूठी लाचारी देखी
जब छल में लिपटा प्यार दिखा
तुम याद मुझे आये तब तब ॥

❑❑❑

11

कभी न कभी

जिन्होंने उँगलियाँ मेरी तरफ उठाई हैं
अपने गिरेबाँ में तो झांकेंगे वो कभी न कभी ॥
धूल दिखी कमल जिनको मेरे चेहरे पर
आइना उनको भी बताएगा कभी न कभी ॥
हमें नहीं फिक्र क्या-क्या सोचते हैं वो
अपनी सोचों पे वो शर्मायेंगे कभी न कभी ॥
सही तस्वीर जब भी वो देख पाएंगे
हाथ मलमल के तो पछतायेंगे कभी न कभी ॥
इतना सब समझ में आयेगा जब कभी उनको
कमल से नजरें वो चुरायेंगे कभी न कभी ॥
अपनी नजरों में न गिरा हूँ न गिरूंगा कभी
बात ये उनको भी समझ आएगी कभी न कभी ॥
जो भी खोया है मैंने उनकी मेहरबानी से
अपनी मेहनत से पा लूँगा फिर कभी न कभी ॥
जख्म ए इल्जाम जो मुझको मिले हैं उनसे
मैं तो सह लूँगा सिसकेंगे ये कभी न कभी ॥
मेरी आँखों से जो निकले हैं वो आंसू नहीं हैं
इस तेज़ाब में जल जायेंगे ये कभी न कभी ॥

दिल से आवाज जो आई है मेरी आह है वो
उनको लगेगी जब समझेंगे ये कभी न कभी ॥
रुखसती का वक्त आता है सभी की जिंदगी में
ये भी जायेंगे तो समझ जायेंगे कभी न कभी ॥

❑❑❑

12

जीवन का मकसद

जीवन की राह में
नैराश्य की खाईयां भी थी
पहाड़ सी दुश्वारियां भी
और, चट्टान से हौसले भी
जिन्होंने रूकने नही दी यात्रा
मंजिल किसे चाहिए थी?
जुनून तो चलते रहने का था
निर्बाध, निर्भीक निरंतर
रुकना नही था सांसो के चलने तक
बैठ नही जाना था थक कर
तभी तो सब कुछ गंवा देने का डर
छूकर निकल जाता था
क्योंकि पाना तो कुछ था ही नही,
सिर्फ चलते जाना था, निरंतर यात्रा पर
नए नए वेश में रूप में देश मे
यही आनंद है इसको जियो
जिंदगी खूबसूरत तभी लगेगी जब
कुछ खो देने के डर से मुक्त हो जाओगे
और चलते जाओगे चलते ही जाओगे ॥

❐❐❐

13

अजब गजब

दिल का रोग लगा बैठे तो अच्छा था
हृदय रोग से लेकिन क्यों मरते है सब ॥

स्वीट स्वीट कहते लोग नहीं थकते
शुगर समा जाए तो डरने लगते है ॥

आँखें जिनको झील सरीखी लगती है
उन आँखों में मोती आये तो डरते है ॥

दूर दृष्टि की कमी रही हर दम जिनको
दृष्टि दूर की घटी तो ऐनक लेते हैं ॥

साँसे चलती है तो इंसान रुका रहता
ये रुक जाए तो फ़ौरन ही चल देता है ॥

❑❑❑

14

बेबसी

गलत नहीं हूँ लेकिन खुद को साबित सही नहीं कर पाया
खुद से किये हुए वादे भी पूरे कमल नहीं कर पाया ॥
सबको सच्चा ही समझा पर असली अक्स नहीं पढ़ पाया
चेहरे के पीछे चेहरा सही समय पर नजर ना आया ॥
मित्रों में जो शत्रु छुपे थे मैं उनको पहचान न पाया
आँख खुली जब मैं कुछ समझा कुछ हालातों ने समझाया ॥
देर हो चुकी थी तब तक कुछ होने से मैं रोक न पाया
मेरी नासमझी ने फिर भी मुझको काफी कुछ समझाया ॥
विचलित हूँ परचुकानहीं हूँ, टूट रहा हूँ झुका नहीं हूँ
जो खोया है उसे भुलाकर,फिर चलने से रुका नहीं हूँ ॥
हर मुश्किल से मिलती ताकत, अपनों की पहचान भी होती
भूलों से लें सबक सुधारें राह तभी आसान भी होती ॥

❐❐❐

15

अस्तित्व की तलाश

अपने अस्तित्व की तलाश में हूँ
पूछता हूँ दर बदर मैं कौन हूँ ॥
किसलिए किसके लिए मैं जी रहा हूँ
दर्द ओ अश्क ए जहर मैं क्यूँ पी रहा हूँ ॥
स्वत्व की हत्या करूँ किसकी खातिर
क्या है मेरी चाह क्यूँ मैं ही रहा हूँ ॥
दूसरों के शब्द क्यूँ मैं बोलता हूँ
अपनी सोचों का गला क्यों घोटता हूँ ॥

❑❑❑

16

हम है राही प्यार के

(हम है राही प्यार के हमसे कुछ न बोलिए।
जो भी प्यार से मिला हम उसी के हो लिए ।।)

कुछ ऐसी ही लय पर

हम भूखे है तारीफ़ के मुंह तो अपना खोलिए।
जिसने भी तारीफ की हम उसी के हो लिए ।।

हम लुट गए हमदर्द से तो क्या बुरा है बोलिए
जिसने कहा अच्छा हमें, हम साथ उसके हो लिए

कौन सही कौन गलत इससे नहीं वास्ता।
कुछ कदम साथ चल के बदल देंगे रास्ता ।।

हम महफ़िलों की शान हैं दिल में हमें न ढूँढिये।
कब किसके साथ हम चले ये कभी न पूछिए ।।

हुनर आप हमसे ही खुशियों का सीख लीजिये।
दर्द ओ गम का जिक्र बार बार यूं न कीजिये ।।

❑❑❑

17

जिन्दगी

ये गाडी जिन्दगी की ठीक चलती जा रही है
उबड़ खाबड़ राहों से भी गुजरती जा रही है
कभी धीमी कभी कुछ गति पकड़ लेती है ये
मंजिल की तरफ चुप चाप लेती जा रही है ॥

कुछ हमसफ़र हैं साथ चलते जा रहे हैं
कुछ बीच में ही साथ छोड़े जा रहे है
सफर है हँस कर गुजर कर लीजिये
कर्मों के ही सब सामान ले कर जा रहे हैं ॥

❑❑❑

18

ऐ दो मुंहे

इतना भ्रम क्यों फैलाते हो तुम क्यों झगडे करवाते हो?
बोते हो बीज घृणा के फिर तुम वैमनस्य उपजाते हो ॥

तुम कितने चेहरे रखते हो? कितना नीचे तुम गिरते हो?
इंसान को वस्तु समझते हो, रिश्तो की हत्या करते हो ॥

तुम सिर्फ सियासत करते हो, इससे क्या हासिल करते हो?
हर पल धोखा हर पल फरेब क्या रातों को सो पाते हो?

झूठी जयकार कराते हो,क्यों आडम्बर में रहते हो
अपने कर्मो के फल को क्या तुम कभी सोच भी पाते हो ॥

❑❑❑

19

सवाल

और कितने दर्द?
और कितना जख्म?
क्या है इन्तेहा?
कितने इम्तेहान?

किस्मत में क्या लिखा?
बस स्याह रास्ते?
कहाँ है रौशनी?
हमको दिखेगी कब?

क्या होती है ख़ुशी?
कहते है किसे प्यार?
कीमत चुकानी है?
या मिलेगी उधार?

❑❑❑

20

बेशर्म

हर सुबह चला आता है अख़बार की तरह
आकर वो ठहर जाता हैबीमार की तरह
बेशर्म बना रहता हैसरकार की तरह
अधिकार जताता है सगे यार की तरह ॥

हर बात सूंघता है पत्रकार की तरह
बातों सेमारता है वो हथियार की तरह
सूरत भीबदलता है कर्जदार की तरह
मिलता नहीं किसी से गुनहगार की तरह ॥

❑❑❑

21

तृष्णा और बेबसी

जब भी चाहता हूँ आकाश को छू लेना
जाने क्या हो जाता है
आकाश कुछ और ऊंचा हो जाता है
मेरी पहुँच से और दूर
या फिर
चले जाते हैं मेरे पांव जमीन में और गहरे ॥

जब भी चाहता हूँ सागर में उन्मुक्त तैरना
जाने क्या हो जाता है
जकड लेता है एक जाल सा
तैरता हूँ तैर नहीं पाता फिर भी
या फिर
रहता हूँ जकड़ा सा तैरते रहने पर भी ॥

जब भी चाहता हूँ ऊँचाई पर उड़ना
जाने क्या हो जाता है
पंख नहीं देते साथ
मुझे नीचे की ओर ही धकेलते है

या फिर
पंख चलते है
उड़ नहीं पाता फिर भी ॥

जब भी चाहता हूँ किसी को अपना कह देना
जाने क्या हो जाता है
शब्द नहीं देते साथ
लड़खड़ा जाती है जुबान
या फिर
वह स्वयं ही मुझे गैर होने का अहसास करा देता है ॥

❏❏❏

22

अस्वाभाविक

कितना अस्वाभाविक सा लगने लगता है
जब नितांत अपरिचित कोई चेहरा
मन को पहचाना सा लगता है ॥
आँखों को कुछ स्वीकार्य नहीं
पर मन अस्तित्व ढूंढता है ॥
आँखों से मन का द्वंद्व यही
मन प्रश्न पूछने लगता है ॥
सामने तिमिर घनघोर मगर
मन किसे ढूंढता रहता है ॥
शायद यह पागलपन मन का
हम सबको प्यारा लगता है ॥

❑❑❑

23

आस

भावनाओं के भंवर में मैं उलझता जा रहा हूँ
कर्मपथ से विरत हो निज मार्ग खोता जा रहा हूँ
पहचान अपनी अपने हाथों ही मिटाता जा रहा हूँ
मोह का भ्रम जाल बुनकर आप फंसता जा रहा हूँ
चाह है एक किरण की तम दूरकर जो ज्योति लाये
विध्न सारे प्रगति पथ के दूर कर नवप्रात लाये
चाह है उस प्रेरणा की जो निरंतर कर्म रत रहना सिखाये
चाह है उस आस की जिसके सहारे उमंग इस जीवन में आये ॥

❑❑❑

24

बदलता वक्त

हमने जिसे महज एक पत्थर समझा था
दौरे गर्दिश में वो ही मुझे चट्टान लगा ॥
हमने उस पार जाने के जतन कितने किये
ये मेरी किस्मत कि जहां था वही ठहरने लगा ॥
जिस जमीं पर पाँव जमा कर सदा रहते थे हम
वक्त बदला तो वहां पर कमल बिखरने लगा ॥
जिनकी नजरें हर समय तरसती थी देखने को हमें
आज वो ही सामने था पर अजनबी सा लगा ॥

❑❑❑

25

सुख दुःख

मन, तू क्यों घबराये दुखों से
ये सुखदुःख आने जाने हैं
जीवन ऐसा एक सागर है
सुख दुःख जिसकी चट्टानें है ॥

मिलते गर दुःख तुझको ना कभी
सुख की अनुभूति ना हो पाती
हैं कौन तुम्हारे मित्र शत्रु
इसकी पहचान ना हो पाती ॥

वरदान समझले तू दुःख को
सच्चा साथी मिल जायेगा
जो अबकी बार न मिल पाया
फिर कभी नहीं मिल पायेगा ॥

❑❑❑

26

उसूल

उसूल अपने बदल दूं तो भला कैसे जिऊँ
भुला दूं तुमको अगर मैं तो भला कैसे जिऊँ ॥

तुम जुड़ेहो मेरे उसूलों से बहुत भीतर तक
निकाल दूं तुमको कमल दिल से तो फिर कैसे जिऊँ ॥

मगर ये मेरी बात है इसे केवल मुझ तक रहने दो
तुम जिसे चाहो उसे अपना लो मुझे ना गम होगा ॥

पर ढोंग भरी इस दुनिया में जिएंगे हम कैसे तनहा
तुम संग ना सही,गम तुमको खोने का तो मेरे संग होगा ॥

❑❑❑

27

तुम मेरे गीतों को पढ कर मत रोना

तुम मेरे गीतों को पढ़ कर मत रोना।
जज्बातों पर मोती सी बूँदें मत खोना॥
कोरी भावुकता से क्या हासिल कर लोगे?
हासिल कुछ करना हो तो बस उद्यम करना॥

मानवता है असली गहना ये याद रहे।
सोने चांदी की खातिर इसको मत खोना॥
कर सको अगर तो सिर्फ भलाई ही करना।
वजह किसी के दुःख की कभी न तुम होना॥

लालच द्वेष वासना घृणा अभिमान न हो।
ये छुपे हुए दुश्मन इनसे बच कर रहना॥
ये सब तुमसे कह देना है कर्त्तव्य मेरा।
तुम मेरे गीतों को पढ़ कर मत रोना॥

❑❑❑

28

सत्कर्म करो

ये धरा और आसमां सब कुछ यहीं यूँ हीं रहेंगे
रास्ते,नदियां समंदर यूँ ही सब चलते रहेंगे।
हम न होंगे कल मगर हर ओर होंगी ये हवाएं
सुगन्धि सत्कर्मों की ही महकाएंगी तब भी फिजायें॥

कुछ करो ऐसा कि जाते वक्त पछतावा न हो
सबसे मिलो ऐसे कि कोई छद्म पहनावा न हो।
व्यवहार ऐसा हो कि किसी से भी छलावा न हो
कर्म का कर्तव्य हो परिणाम का दावा न हो॥

❑❑❑

29

खामख्वाह खैरख्वाह

नाहक खैरख्वाह बना फिरता है
फिक्रमंदों की कमी तो नहीं
कैसी सोचो में घिरा रहता है?
कही तेरी जरूरत तो नहीं ॥

अजीब आदमी है यार तू भी
अपनी उलझने क्यूँ बढ़ाता है?
क्यूँ तू खुद में नहीं रहा करता?
क्यूँ किसी की जिंदगी में जाता है?

गौर से देख सभी खुश है यहाँ
तू ही परेशां सबको करता है
छोड़ भी दे सारे हैँ बालिग़ यहाँ
अहमक तो एक तू ही लगता है

तू समझता है एक तू ही है
फिक्र केवल तुझे ही रहती है?
गौर से देख और पूछ खुद से
तेरी दुनिया क्या तुझे समझती है?

❑❑❑

30

सीमा रेखा

जो कर दे दूर अपनों से,
वो पैसे का नशा बदतर।
जो मर्यादा को लांघे,
वो जवानी का नशा बदतर ॥

जो कर दे जिस्म को बर्बाद,
वो खाने का नशा बदतर।
गँवा दे होश जो पीकर,
वो पीने का नशा बदतर ॥

❑❑❑

31

नादानियाँ

कम उमर की थी वो तो नादानियां।
एक नाचीज को रहनुमा कह दिया॥
जो नहीं था मुकम्मल इंसान भी।
खुदा जाने,फ़रिश्ता क्यों कह दिया॥

होश आया, सम्हाला तो आई समझ।
क्या था वो और उसको क्या कह दिया॥
उसके जैसे तो मिलते है हर मोड़ पर।
उसी पत्थर को भगवान् क्यों कह दिया॥

❑❑❑

32

मनुष्य और इंसानियत

मनुष्य, कब इंसान बनोगे?
कब ये समझ पाओगे कि
जो तुम्हे बुरा लगता है
औरों को भी लगता होगा
जो पाना चाहते हो
या शायद छीनना चाहते हो
उस पर तुम से अधिक
किसी और का भी हक़ हो सकता है ॥

कब समझ पाओगे कि?
जीवन में
पाने से अधिक
देना सुख देता है
कब समझोगे?
दूसरों की ख़ुशी भरी मुस्कान
कब तुम्हे सुख देगी?

कब ये चाह जन्म लेगी?
कि खुशियों पर सब का ही हक़ हो

कब ऐसा हो पायेगा कि?
दूसरों की प्रगति पर
जलन नहीं
मन शीतल होगा
कब समझोगे?
हाथों की सार्थकता
मारने से अधिक
किसी के आंसू पोंछने में है ॥

❑❑❑

33

कैसे लिखूं

कलम उठाता हूँ, रख देता हूँ,कैसे लिखूं
अब लिखूं भी मैं कमल तो क्या लिखूं ?
कैसे लिखूं कि हमने क्या माना तुमको
कैसे लिखूं जो कह नहीं पाया तुमको ?
ये लिखूं कि क्या हो तुम मेरे लिए
या ये लिखूं कि तुम हो बस मेरे लिए ?
लिख तो दूं तुम से ही है ये जिंदगी
कैसे लिखूं मेरी नहीं ये जिंदगी ?
कुछ समझ आता नहीं मैं क्या लिखूं
अपने तेरे रिश्ते को मैं क्या लिखूं ?
वाकिफ तुम्हारे हाल ए दिल से भी हूँ मगर
तुम खुद ही मुकर जाओ तो मैं क्या लिखूं ?

❒❒❒

34

जी में आता है चलता ही जाऊं

जी में आता है चलता ही जाऊं आज अनंत धरा तक
जी में आता हैं उड़ता ही जाऊं आज अनंत गगन तक
जी में आता है बहता ही जाऊं सागर की लहरों पर
मगर तभी जी में आता है लूं समेट तुमको भीतर तक ॥

संबल ले मेरी बांहों का तुम बेफिक्र रहो हर पल छिन
मैं बस तुम्हे देखता जाऊं तुममे ही खोया हो ये मन
शब्द नहीं मिलते कैसे मैं लिखूं किस तरह तुम्हे बताऊँ
प्यार शब्द भी हुआ पुराना, नए गीत मैं कैसे लाऊं ॥

हार गया मैं शब्द खोजते अब खुद तुम्हे समझना होगा
जो तुमको मैं कह नहीं पाया जो तुमसे मैं सुन नहीं पाया
कोई जल्दी मुझे नहीं है इन्तेजार करना आता है
तुम बस मुझे बताते जाना जो मैं तुम्हे बता न पाया ॥

❒❒❒

35

क्यों छोड दिया?

कितनी मुश्किल से सम्भला था फिर तुमने क्यों छोड़ दिया?
ना रखते कुछ हमसे रिश्ता गैरों से जब जोड़ लिया ॥
चलो खुश रहो उन अपनों से दूर कभी तुम मत जाना ।
जिनकी खातिर छोड़ा हमको उनको मत तुम तड़पाना ॥
अपने अंश सम्भाले रखना बिखर न जाएँ ये मोती ।
कुछ रह जाती अभिलाषा पूरी नहीं कभी होती ॥
मेरे लिए यही काफी है तुमने कुछ रिश्ता माना ।
एक समय था सबसे बढ़कर हमको ही अपना जाना ॥
ख्वाब नहीं देखे अब जाते नींद नहीं अब उतनी आती ।
मन को अब कितना बहलाऊँ मेरी किस्मत मुझे चिढ़ाती ॥

❑❑❑

36

टूल किट

ईजाद तुमने न किया हो न सही
तुम्हारी हरकतों का प्रतिबिम्ब तो है ॥

ये टूल किट तुम्हें हैरान करता होगा
हम हैरान नही हैं तुम्हारे गिरने पर ॥

बहती लाशों में अवसर तलाशने वालों
भूखी नंगी तस्वीरों का झूठ बेचने वालों ॥

वतन की शान पर मन मसोसने वालों
अपनी नाकामियों पर शर्म न करने वालों ॥

हम तुम्हें पहचानते है तुम हमें पहचान लो
तुमसे घृणित कोई नही है बात इतनी मान लो ॥

❑❑❑

ग़ज़लें

1

दुआ तेरे लिए फिर दिल से निकली है कमल

ये दुआ तेरे लिए फिर दिल से निकली है कमल
हर ख़ुशी हो जाए हासिल तुझको तेरे अपनों से ॥

मेरा साया ना पड़े अब तेरी खुशियों पर कभी
हर गम से दूर हो जाए तू मुझसे दूर हो कर ॥

भरी महफ़िल में वो मिला था अजनबी बनकर
हर किसी के करीब बैठा एक मेरे सिवा ॥

हाल मुझसे पूछ कर वो बढ़ गया आगे कमल
मैंने कहा कुछ भी नहीं उसने सुना कुछ भी नहीं ॥

दर्द आँखों का मेरे नजरंदाज सब वो कर गया
दूसरो की मुस्कराहट का सबब वो बन गया ॥

अब न कुछ लिखूं तुझे न पास आऊँ मैं कमल
कसम मेरी जान की ये काश निभ जाये कमल ॥

रब मेरे दिल को तो पत्थर दिल बना दे एक बार
याद तो आएगी उसकी, दिल न हो पर बेक़रार ॥

❏❏❏

2

सौदे वो करते रहे हर पल हमारी खुशियों से

सौदे वो करते रहे हर पल हमारी खुशियों से
उनकी खुशियों के लिए हम सब्र करते रह गए ॥

उनके दिल के राज 'कमल' बंद रहे किताबों में
हम खुली किताब थे जो पढ़ चुके जाते गए ॥

बेतकल्लुफ थे वो हर पल हमारे रिश्ते में
हम तकल्लुफ में' कमल' तकलीफ पाते रह गए ॥

उनको मंजिल मिल गयी हमें रास्तों की तलाश थी
तेज रफ़्तार जमाने में पीछे रह गए ॥

वो हमारी बेबसी पर मुस्कुराते थे बहुत
हम तो मुस्कुराहटों का सबब बन के रह गए ॥

उनको अपनी बेवफाई पर भी कुछ गरूर था
हम वफ़ा करते रहे वो मुस्कुराते रह गए ॥

हमने अपनी दुनिया ही बनाई थी उनके आस पास
वो कमल को दूर से बस याद आते रह गए ॥

शौक उनके दिल लगाना खेलना फिर तोड़ देना
और हम थे दिल को उनके ही संभाले रह गए ॥

❑❑❑

3

हर रोज़ सफ़र में हैं नही चैन एक दिन का

हर रोज़ सफ़र में हैं नही चैन एक दिन का
चले कोख से मचल के शमशान तक ही आए ॥

कितने प्रपंच करके कुछ दौलतें कमायी
जाने के वक्त कुछ भी लेकर न निकल पाए ॥

जो शोहरतें थी उनकी बस वो ही काम आयीं
हर शख़्स को बस उनकी नेकी ही याद आयी ॥

रह गए घर मकाँ बस राह उनकी तकते
वो क्या गए कि लौट के दहलीज़ पर न आए ॥

ख़ुशियों की ख़ातिर जिनकी सुख चैन सब गँवाया
जब वक्त आख़िरी था कोई न काम आया ॥

दो चार रातें जग के जमहाइयाँ वो लेते
ख़ातिर में जिनकी उनकी रातें कटी सड़क पे ॥

❒❒❒

4

माना तेरी चाहत संजोना भी गुनाह है लेकिन ।

माना तेरी चाहत संजोना भी गुनाह है लेकिन ।
तेरा इंकार कर देना बहुत तकलीफ देता है ॥

जुदा है रास्ते औ मंजिले और चाहत भी ।
मगर तुझसे जुदा होना बहुत तकलीफ देता है ॥

मिलने पर भी शायद हम कभी भी मिल नहीं पाएं ।
मगर तेरा मना कर देना बहुत तकलीफ देता है ॥

❑❑❑

5

कितनी मुश्किल से सम्भला था फिर तुमने क्यों छोड दिया?

कितनी मुश्किल से सम्भला था फिर तुमने क्यों छोड़ दिया?
ना रखते कुछ हमसे रिश्ता अपनों से जब जोड़ लिया ॥

चलो खुश रहो उन अपनों से दूर कभी तुम मत जाना।
जिनकी खातिर छोड़ा हमको उनको मत तुम तड़पाना ॥

अपने अंश सम्भाले रखना बिखर न जाएँ ये मोती।
कुछ रह जाती अभिलाषा पूरी नहीं कभी होती ॥

मेरे लिए यही काफी है तुमने कुछ रिश्ता माना।
एक समय था सबसे बढ़कर हमको ही अपना जाना ॥

ख्वाब नहीं देखे अब जाते नींद नहीं अब उतनी आती।
मन को अब कितना बहलाऊँ मेरी किस्मत मुझे चिढ़ाती ॥

❑❑❑

6

रूह से अपनी मैं कुछ सवाल कर बैठा

रूह से अपनी मैं कुछ सवाल कर बैठा
नासमझ खुद को ही लाजवाब कर बैठा ॥

पलट के जो सवाल आए मेरी रूह से
उनके जवाब सोच के मैं शर्मसार हो बैठा ॥

सबको हर बात पे आईना दिखाने वाला
खुद ही आईने से नज़रें क्यूँ चुरा बैठा ॥

एक ज़माना था सिर्फ़ एक था चेहरा मेरा
याद नही उस पर कितने चेहरे मैं लगा बैठा ॥

कोई मुझसे पूछे ग़र तो जवाब क्या दूँगा
करने क्या आया था और क्या मैं कर बैठा ॥

❑❑❑

7

पहुंची तो होंगी तुम तक वो चिट्ठियां हमारी

पहुंची तो होंगी तुम तक वो चिट्ठियां हमारी
समझे तो तुम भी होंगे मजबूरियां हमारी ॥

हैं कौन मेरी ताकत कमजोरियां हमारी
तुमसे भी कुछ छुपी है तन्हाईयाँ हमारी?

जो अनकही थी वो तुम क्योंकर न समझ पाए
तुम पढ़ तो लेते कोरी वो चिट्ठियां हमारी ॥

तुम भी तो थे समझते हम भी तो जानते थे
अब हमको सता रही है खामोशियाँ हमारी ॥

चेहरे कई रखना हमें रास क्यों न आया
किस काम आई आखिर ये सादगी हमारी ॥

बस ये सुकून है कि उस दौर में है रिश्ता
सब पूछते है तुमसे अब खैरियत हमारी ॥

❐❐❐

8

हर वक्त बदलते देखा है हर शख्स बदलते देखा है

हर वक्त बदलते देखा है हर शख्स बदलते देखा है
हमने बदले हालातों में खुद को भी बदलते देखा है ॥

हर प्यार बदलते देखा है, ईमान बदलते देखा है
छोटी छोटी सी बातों पर रिश्तों को बदलते देखा है ॥

नजरों को बदलते देखा है सपनों को बदलते देखा है
हर बार यकीं टूटने पर दिल को भी बदलते देखा है ॥

मुस्कान बदलते देखा है आंसू भी बदलते देखे हैं
हमने तो कमल इस दुनिया में सच को भी बदलते देखा है ॥

सत्कार बदलते देखा है सम्मान बदलते देखा है
जब औकात बदलती है हर भाव बदलते देखा है ॥

धर्म बदलते देखा है आचरण बदलते देखा है
क्या बचा है अभी बदलने को भगवान बदलते देखा है ॥

मूल्य बदलते देखे हैं व्यवहार बदलते देखा है
भेड़िये छुपे इंसानों में चेहरों को बदलते देखा है ॥

अपराध बदलते देखे है फिर दंड बदलते देखा है
औकात देख अपराधी की कानून बदलते देखा है ॥

बागो को बदलते देखा है खेतों को बदलते देखा है
हमने विकास की आंधी में शहरों को बदलते देखा है ॥

❑❑❑

9

होगा वो गुनहगार मगर इतना नहीं था

होगा वो गुनहगार मगर इतना नहीं था
आंसू गवाही दे रहे इंसान भला था॥

वो क्या गया कि सभी के गुनाह धुल गए
पाप सबके अब तो बस उसके ही नाम थे॥

जिनकी ख़ातिर वो बना होगा गुनह्गार
वो भी हैं कह रहे कि वो गुनाहगार था॥

गैरों से तो उसको नहीं खतरा रहा कभी
खंजर चलाया जिसने वो कोई सगा था॥

हाय रे कुछ लोग मौका परस्त लोग
पहचान तब हुई जब जाने का वक्त था॥

❑❑❑

10

रह गयी उसकी हया मैं बे हया रहा

रह गयी उसकी हया मैँ बे हया रहा
उसकी जुबाँ खुली मगर खामोश मैं रहा ॥

जो उसने कहा वो तो सभी ने सुना मगर
मैं क्यों रहा खामोश किसी ने नहीं कहा ॥

सब अपनी सहूलियत से निभाते रहे रिश्ते
मैं उसकी सहूलियत को निभाने में ही रहा ॥

कितनी सलाहियत से चालें वो चल गया
सब कुछ समझ के मैं मगर नादान ही रहा ॥

उसकी ये आरज़ू कि सब उसको सही कहें
वो बीच बस ऐसे ही किरदारों के रहा ॥

उसको नहीं है इल्म क्या क्या खो रहा है वो
बस झूठ का सामान जुटाता ही वो रहा ॥

मेरी ये आरज़ू कि मैं सुकून में रहूँ
वो मेरा सुकून चुराने में ही रहा ॥

❐❐❐

11

लिखने की जुस्तजू में क्या से क्या मैं लिख गया।

लिखने की जुस्तजू में क्या से क्या मैं लिख गया।
लिखना था झूठी खैरियत, सूरते हाल लिख गया॥

जो लिखना चाहता था कभी लिख नही पाया।
हर बार कमल दिल का बस मलाल लिख गया॥

उसका गुरूर देखकर आ जाती है हंसी।
क्या कमाल वक्त भी कमाल लिख गया॥

दो दिन की जिंदगी सब कुछ था छलावा।
इतना ही लिखना था क्या क्या मैं लिख गया॥

बस झूठी शान के लिए क्या क्या फरेब थे।
मजलूम के आंसू भी अपने नाम लिख गया॥

मालिक ने जो दिया मैं उसमे खुश न रह सका।
जो पा न सका बस वही मलाल लिख गया॥

❑❑❑

12

नशा।

नशा पैसे का,जवानी, खाने का या पीने का।
नशा कोई भी हो एक दायरे में हो तो अच्छा है॥

जो कर दे दूर अपनों से वो पैसे का नशा बदतर।
जो मर्यादा को लांघे वो जवानी का नशा बदतर॥

जो कर दे जिस्म को बर्बाद, खाने का नशा बदतर।
गँवा दे होश जो पीकर वो पीने को नशा बदतर॥

❑❑❑

13

कम उमर की थी वो तो नादानियां।

कम उमर की थी वो तो नादानियां।
एक नाचीज को रहनुमा कह दिया॥

जो नहीं था मुकम्मल इंसान भी।
खुदा जाने,फ़रिश्ता क्यों कह दिया॥

होश आया, सम्हाला तो आई समझ।
क्या था वो और उसको क्या कह दिया॥

उसके जैसे तो मिलते है हर मोड़ पर।
उसी पत्थर को भगवान क्यों कह दिया॥

❑❑❑

14

हुनरमंद वो हैं जो तो हम भी कम नहीं।

हुनरमंद वो हैं जो तो हम भी कम नहीं।
वो सोच लेते है हम समझ लेते है ॥

हम खुली किताब हैं तो क्या हुआ अगर।
थोड़ा पढ़ जो लेते हैं थोड़ा हँस वो लेते हैं ॥

हमसे फरेब करके अगर खुश है वो कमल।
मेरा क्या गया? नजर से वो जो गिरते है ॥

❑❑❑

15

करें क्या किसको अपनाएं ये सारे एक जैसे हैं।

करें क्या किसको अपनाएं ये सारे एक जैसे हैं।
भरोसा जिस पे करते है वही छल करके जाता है ॥

ऐसी रस्म है इनके बिना हम रह नहीं सकते।
अपनी मर्जी से जिसको भी चाहें चुन नहीं सकते ॥

करते झूठे वादे ये दिखाते दोष औरों का।
शक़ल ऐसी दिखाते है भरोसा हो ही जाता है॥

मौका मिल गया जिसको लुटेरा बन वो जाता है।
जो वंचित रह गया, अपनी जुगत फिर से लगाता है ॥

□□□

16

तुझे क्या हासिल हुआ ये तू जाने।

तुझे क्या हासिल हुआ ये तू जाने।
हम तो दुनिया से खाली हाथ चले ॥

कर्म कोई न कोई धर्म रहा।
जैसे आये थे बस वैसे ही चले ॥

बहुत गुरूर था तुझपर खुदपर।
हर एक गुरूर खुद ही तोड़ चले ॥

जिंदगी बच गयी जो थोड़ी सी।
उसको भी तेरे बिन गुजार चले ॥

मेरे मौला ये क्या पहेली है।
किसलिए आये थे, क्या करके चले ॥

17

वक्त बेवक्त साया बन के रहा।

वक्त बेवक्त साया बन के रहा।
तेरी मुश्किलों में तेरे साथ था॥

इसमें छुपाने की क्या बात थी?
तेरी करीबी का हक़दार था॥

बिखरी थी कड़ियाँ बहुत देर से।
सिरे से समझना था मुश्किल हुआ॥

बड़ी मुश्किलों से जो जोड़ी गयी।
सब कुछ आईने सा साफ़ था॥

❑❑❑

18

किसका सवाल लूँ, किसको जवाब दूं?

किसका सवाल लूँ,किसको जवाब दूं?
नीयत में खोट है तो क्यों हिसाब दूं?

जो मुस्कुरा देते है मेरा हाल पूछ कर
सुनना जो चाहते हैं वो ही जवाब दूं?

मैं मुस्कुरा दूंगा तो बुरा मान जायेंगे
उनकी फितरतों का मैं क्या जवाब दूं?

❑❑❑

19

न अदा थी न बेरुखी न शिकायत थी

न अदा थी न बेरुखी न शिकायत थी
अगर कुछ थी तो बस हकीकत थी ॥

वक्त की कीमत सबसे ज्यादा थी
अपनी मौजूदगी बे इरादा थी ॥

उससे कोई भी तो मसला नहीं था
मिलने का वादा था ना इरादा था ॥

एक बार सिर्फ दीदार का इरादा था
कहना न थोड़ा था न जियादा था ॥

❑❑❑

20

अफ़सोस उन्हें कि वो अच्छे है कुछ जियादा

अफ़सोस उन्हें कि वो अच्छे है कुछ जियादा
हम नामुराद, खामियां अपनी कहें किससे?

हम क्या क्या खो चुके कोई पूछ रहा था
खुद को जो खो चुके तो ये कहें किससे?

कुछ भी समझ लेते है सब अपने दिमाग से
कुछ बातें रूहानी है हम ये कहें किससे?

पहले तो समझ लेते थे हर बात बिन कहे
कहने से अब न समझे तो हम कहे किससे?

❑❑❑

21

उलझनें ऐसी कि सुलझती ही नहीं।

उलझनें ऐसी कि सुलझती ही नहीं।
अपनी आदत भी बदलती ही नहीं ॥

जिंदगी कितनी खूबसूरत है मगर।
उम्र भर जीने को ये मिलती ही नहीं ॥

कोई जीते जी छोड़ देता है।
कोई दुनिया से चला जाता है॥

जिंदगी ख्वाब में गुजरती है।
भरम जगने का बना रहता है ॥

❑❑❑

22

सर्दियों की धूप सी तेवर दिखाती है हमें

सर्दियों की धूप सी तेवर दिखाती है हमें
ख़ुशियाँ दूर दूर से ही नजर आती हैं हमें ॥

ये भी सच है जब भी वे गैरो के पास होती हैं
बस तभी खुशियाँ ज्यादा नजर आती हैं हमें ॥

पूछता हूँ क्यों नहीं कुछ देर ठहर जाती हो
कहती है सब के पास थोड़ी देर को जाना है हमें ॥

❑❑❑

23

चेहरे बदल के लोग जब मिलते होंगे

चेहरे बदल के लोग जब मिलते होंगे
आईने से क्या नहीं डरते होंगे?

तन्हाइयों में जब होगी खुद से गुफ्तगू
क्या वो दिल की तब भी नहीं सुनते होंगे?

पूछते तो होंगे अपनी रूह से
क्या कभी अफ़सोस वो करते होंगे?

बदगुमानी और बे अंदाज गी
क्या इन्हे खुद में देखते होंगे?

रिश्ते नहीं नाते नहीं केवल दौलत
बस दिखावे के लिए ज़िन्दगी जीते होंगे

❑❑❑

24

दूसरों की शर्ट के बस दाग देखे जा रहे है

दूसरों की शर्ट के बस दाग देखे जा रहे है
अपने गिरेबान से नजरें भी चुरा रहे हैं ॥

उसको क्या करना था क्या नहीं किया उसने
खुद नहीं देखते सबको आईना दिखा रहे है ॥

खुद के गुनाहों से नजरें फिराए बैठे हैं
रूह से अपनी जो फरेब किये जा रहे है ॥

दूसरों के फर्ज का अहसास इनको खूब है
अपनी मक्कारियों पे शान से इतरा रहे है ॥

❑❑❑

25

हमको गम अपना भुलाना आ गया

हमको गम अपना भुलाना आ गया
खुद को बहलाना मनाना आ गया ॥

चेहरे पे चेहरा लगाना आ गया
गम छुपा कर मुस्कुराना आ गया ॥

आ गया ये सब मगर क्या खो गया
'कमल' क्या था और कैसा हो गया ॥

सबके सुख दुःख में जो था हरदम शामिल
आज वो खुदगर्ज कैसे हो गया ॥

❑❑❑

26

तनहा नहीं होगा वो मेरे साथ के बगैर

तनहा नहीं होगा वो मेरे साथ के बगैर
दिल को यही तसल्ली दिए जा रहा हूँ मैं ॥

क्या है भला बुरा बखूबी जानता है वो
बेवजह अब उसको नहीं समझा रहा हूँ मैं ॥

अपने परायों को बहुत पहचानता है वो
जाना जरूरी हो गया है, जा रहा हूँ मैं ॥

जो साथ बिताये वो पल बेहद हसीन थे
दिल में समेटे याद उनकी जा रहा हूँ मैं ॥

❑❑❑

27

जब मेरे गीतों से मिलते होंगे

जब मेरे गीतों से मिलते होंगे।
अपना किरदार परखते होंगे॥

लाख कोशिश करें छुपाने की।
अश्क पलकों से छलकते होंगे॥

थरथरा के होंठ रह जाते होंगे।
दिल को कैसे संभालते होंगे॥

जानने को वो हमारी खैरियत।
मेरे गीतों को ढूंढते होंगे॥

अपने हालात नहीं लिखता हूँ।
जाने वो कैसे समझते होंगे॥

मुझसे मिलने की तलब होने पर।
मेरे गीतों से वो मिलते होंगे॥

जब मेरे गीतों से मिलते होंगे।
अपना किरदार परखते होंगे॥

❑❑❑

28

यूं ही किसी तरह कटती चली गयी।

यूं ही किसी तरह कटती चली गयी।
उम्र बढ़ी, जिंदगी घटती चली गयी॥

छोड़ गए कुछ तो कुछ लोग जुड़ गए।
ऐसे ही जोड़ तोड़ के कटती चली गयी॥

आसमान में गए कभी आये जमीन पे।
अरमानो की उड़ान भी घटती चली गयी॥

देखा सभी को और लिया परख सभी को।
संसार से इंसानियत घटती चली गयी॥

रहा नहीं वो प्यार बढ़ गयी नफरते।
खुद्गर्जियत इंसान की बढती चली गयी॥

बीज थे बबूल के फल आयें कहाँ से।
तालीम की यूं शक्ल बिगडती चली गयी॥

आइना देख के लगने लगा है डर।
कालिख गुनाहों की बढती चली गयी॥

❑❑❑

29

हमसे आखिर क्यों छुपाई ये हकीकत आपने

हमसे आखिर क्यों छुपाई ये हकीकत आपने
आप उनके साथ थे जब खबर भेजी आपने ॥

आपने हमसे हमारी खैरियत पूछी ही क्यों
दिल में क्या था आपके जब झूठ बोला आपने ॥

आप तो वाकिफ हैं हम मजबूर अपने दिल से हैं
वरना हम सब जानते है जो कुछ छुपाया आपने ॥

ये भी सच है आपने वादा कोई तोडा नहीं
मै ही भ्रम में था कि कुछ वादा किया है आपने ॥

याद में मेरी इशारे कर रहे थे आप जो
उन इशारो की झलक उनको दिखाई आपने ॥

था मुझे बर्दाश्त सब कुछ और सारे लोग वो
पर न सह पाऊँगा मैं जो झूठ बोला आपने ॥

❑❑❑

30

उनकी हर बात में जो जिक्र उसका होता है

उनकी हर बात में जो जिक्र उसका होता है
धुवां भी क्या कभी बिन आग के ही उठता है ॥

नाम लेते ही हैं उसका चाहे किसी भी बहाने
राज हम सब जानते हैं चाहे वो माने ना माने ॥

खुद को समझाता बहुत हूँ पर हकीकत जानता हूँ
दुनिया झुकती है वहीँ दौलत जहाँ ताकत जहाँ ॥

अपने दिल का हाल हमसे ही छुपा पाएंगे कैसे
हमने खुद से ज्यादा समझा हैं उन्हें अपने बहाने ॥

❑❑❑

31

वक्त के साथ चले उनको पता नहीं

वक्त के साथ चले उनको पता नहीं
वक्त भी किसी का रहता सदा नहीं ॥

वक्त बदलता रहा लोग बदलते गए
कुछ मंजिलो पे मिल गए कुछ लोग खो गए ॥

जो वक्त से अलग चले जाने किधर गए
वक्त की आवाज से अनजान बन गए ॥

❑❑❑

32

ढूंढता रहा मैं तुम्हे अंदर बाहर

ढूंढता रहा मैं तुम्हे अंदर बाहर
आज जो मिला वो कुछ तुम सा ही था ॥

फर्क समझने की क्या जरूरत थी
तुम भी तनहा और मैं भी तनहा था ॥

तुम ही तो थे लेकिन जुदा जुदा खुद से
हम से तुम लिपटे रहे अजनबी से ॥

धड़कने भी वो नहीं थी सीने में
जिनकी आदत थी कमल को मुद्दत से ॥

दौरे जूनून गुजरा तो ये मालूम हुआ
तुम ही तो थे लेकिन जुदा जुदा खुद से ॥

❑❑❑

33

खामोश रह गए जुबां ही नहीं खुली

खामोश रह गए जुबां ही नहीं खुली
नजरें झुकी रही सब अनकही रही ॥

बातों का पुलिंदा धरा का धरा रहा
खैरियत पूछी न शिकायत ही कुछ हुई ॥

मिलना मिलाना इक महज दस्तूर ही रहा
हमको हमारी ही नयी तहजीब खल गयी ॥

मिलते भी नहीं ज्यादा बातें भी नहीं होती
हम जैसी करीबी भी किसी की नहीं रही ॥

एक दूसरे को को खुद से अधिक जानने लगे
अब हाल पूछने की भी जरूरत नहीं रही ॥

❑❑❑

34

मुहब्बत तुझसे और हमें करनी है

मुहब्बत तुझसे और हमें करनी है
अभी तो हद से हम गुजरे ही नहीं ॥

कितनी रातें कटी थी आँखों में
अब तक किसी को खबर ही नहीं ॥

लोग तुझसे पूछें मेरे बारे में
ऐसी कोई बात तो हुई ही नहीं ॥

सबब मेरे आंसुओं का सब पूछें
इस तरह आँखें अभी रोई ही नहीं ॥

शायद कमल हदें भी डरती होंगी
तभी तो हम तुम अभी मिले ही नहीं ॥

❑❑❑

35

कुछ तो है जिसे छुपा रहे हो

कुछ तो है जिसे छुपा रहे हो
सबको बातें अलग बता रहे हो ॥

सब की नजरों से गिरे जा रहे हो
फिर भी क्यों बाज नहीं आ रहे हो ॥

और कितना गिरोगे बतला दो
क्यों हमारे सब्र आजमा रहे हो?

आत्म मुग्धता भी एक बीमारी है
क्यों नही कोई दवा तुम खा रहे हो ॥

ये नशा नाश करके मानेगा
इतने क्यों मदहोश हुए जा रहे हो ॥

ये जो तुम चालें चली छला तुमने
कामयाबी तुम इसे बता रहे हो ॥

हम समझते है इसको मक्कारी
तुम जिसे नीति समझे जा रहे हो ॥

❑❑❑

36

तू ये न सोच लेना कोई दर्द है मुझे

तू ये न सोच लेना कोई दर्द है मुझे
बेदर्द, बेगैरत बड़ा बेशर्म सा हूँ मैं ॥

जो लोग अब मिले खुश हूँ मैं उनके साथ
तुझसे छुड़ा के बांह कैसे खिल गया हूँ मैं ॥

तूने जो देखा अब तक मेरा छद्मवेश था
अब एक और चेहरा दिखा रहा हूँ मैं ॥

ये भीं नहीं है असली चेहरा तो क्या करे
कुछ याद नहीं क्या से क्या क्या हो रहा हूँ मैं ॥

हँसता हूँ कभी और कभी रोने लगता हूँ
डरने लगे है लोग पागल हो रहा हूँ मैं ॥

❑❑❑

37

एक अरसे से नहीं मिला खुद से

एक अरसे से नहीं मिला खुद से
चलो आज मुलाकात की जाए ॥

कुछ अपनी बात की जाए
कुछ अपनों की बात की जाए ॥

चलो पूछ लेते है हाल ए दिल
दिल की फरियाद भी सुनी जाए ॥

अब तक बहुत अनसुनी करते रहे
आज नौबत ऐसी न कोई आये ॥

दूर चल के बैठते है ऐसी जगह
जहाँ कोई शोर न होने पाए ॥

हम रहें और केवल हम ही रहें
दूसरा और न कोई आये ॥

एक अरसे से नहीं मिला खुद से
चलो आज मुलाकात की जाए ॥

❑❑❑

38

याद करते हो हमें कितना जताया तो करो

याद करते हो हमें कितना जताया तो करो
ज़िक्र आता है हमारा तो बताया तो करो ॥

सिर्फ़ पैगाम भेज देना तो नाकाफ़ी है
कभी अपनी ख़ुश -आवाज़ सुनाया तो करो ॥

मिलना मुमकिन नही है आजकल तो क्या हुआ
कोशिश तो की होगी इतना भी बताया तो करो ॥

बहुत मशरूफ होंगे वक्त न मिलता होगा
वक्त बचा कर रखो बेवक्त गंवाया न करो ॥

दोस्त कहते हो मेरे यार तो निभाया भी करो
समझो जज्बात महज लफ्जों पे जाया न करो ॥

सब जो कहते हैं आप आये नहीं आये नहीं
किसको कहूँ यार कभी मुझको बुलाया तो करो ॥

❑❑❑

शायरी

(1)

घर बड़े होते गए
तंग दिल होते गए
ओहदे पाते गए
इंसानियत खोते गए

साधन जुटाते ही गए
असहाय पर होते गए
दो पल तो जी ले चैन से
इस प्यास में मरते गए

(2)

आइना देखने से क्या हासिल
रूह पर दाग लिए बैठे हो
मायने प्यार के बदल डाले
अपनी नजरों से नहीं गिरते हो?

एतराज मेरे शक पे करते हो
मुझपे इल्जाम भी लगाते हो
एक बार कह दो,मुझसे प्यार नहीं
अपनी सोचों से क्यों मुकरते हो?

(3)

मुझपे तेरी और तुझ पे मेरी जिम्मेदारी है
और आफत ये कि हमपे तगड़ी पहरेदारी है
खुद को सलामत रखना कमल मेरी खातिर तुम
तुम हो खैरियत से तो ज़िंदगी हमारी है

तेरी नजरो से रहना पड़ा दूर दूर तो क्या
बात न हो पाए कमल हम न मिल सकें तो क्या
ये सुकून कम नहीं ज़िंदगी जीने के लिए
दिल में बसाया हमें हम साथ न रहे तो क्या

(4)

ये आइना दिखाने के ठीकेदार हैं
दाग चेहरों पे खुद के बेशुमार हैं
ये बहुरूपिये कितने मक्कार है
वतन इनकी फ़ितरत से बेज़ार है
ये सत्ता की ख़ातिर है पागल हुए
हरकतें ऐसी कि मुल्क शर्मसार है

(5)

वाकिफ हूँ तुम्हारे हाल ए दिल से
उलझने भी समझ में आती है
न करना कभी भीड़ में खोने की कोशिशे
चाहे जितना गिरूँ तुमको संभाल लूँगा मैं
जैसे मुझे समझना चाहो समझो तुम
बातें कभी मेरी भीआयेंगी समझ में

(6)

कभी फुरसत मिले तो सोचना जरूर
कसूरवार सब थे? या बस तेरा गुरूर?
वक्त आने दे मैं सारे राज खोलूँगा
तेरे फरेब की हर दास्तान बोलूंगा
तूने बस एक तस्वीर दिखाई थी हमें
मैं दिखाऊंगा तेरा हर एक चेहरा सबको

(7)

तेरा किसी को सोचना भी नागवार लगता है
बता दे तू ही ये जूनून है,इश्क है या कुछ और?
मुरीद मेरे सामने किसी और का तू होने लगे
बता दे तू ही ये कैसे गवारा हो मुझे?
जानता हूँ बेहतर है मुझसे तेरे दोस्त बहुत
दिल मेरा भी आया है तुझपर तो मैं क्या करूं?

(8)

नित दिन नूतन हो उल्लास
कोई दुःख ना आये पास
प्रियजन का हो हर पल साथ
रहो नीरोग सुखों के साथ

(9)

पापी होने से बेहतर है पागल होना
गम खाना ही बेहतर है गम करने से
प्यार प्यार कहने से प्यार नहीं होता
गर दिल से हो महसूस तो बेहतर कहने से

(10)

खुशियों से मुलाकात की जाए
कुछ नयी बात आज की जाए
घाव तो ऐसे है न मिटेंगे कभी
इनको और बढ़ने से रोका जाये

(11)

अच्छा लगा जो आज तुझसे बात हो गयी
खुदा मगर खुद को तूने क्या समझ रखा है
तूने जो कह दिया,तू मिल नहीं सकता हमसे
खुद को किस हक़ से मेरा खुदा बना रखा है

(12)

हालात बदले तो सवाल भी बदल गए
अंदाज के साथ जवाब बदलते गए
जिंदगी का सवाल आज भी वहीँ का वहीँ
हम्ही उन सवालों के मायने बदलते गए

(13)

कोशिश है अब तुझे भुलाने की
दूर तुझसे दूर बहुत जाने की
तेरी राहों में फिर न आने की
खुद को एक बार आजमाने की

(14)

मैं जो लिखता हूँ ....उसके मायने क्या हैं
मैं समझता नहीं तो लोग .... कैसे समझेंगे
यूं ही लिख जाता हूँ बेवजह .... बेतकल्लुफ
इसमें कुछ ढूंढोगे तो ....नाहक परीशां होगे

(15)

मुलाकात उनसे हुई ये खुदा की मर्जी थी
मुहब्बत उनसे हुई ये खुदा की मर्जी थी
जुदा उनसे हो जाना भी खुदा की मर्जी थी
यादों में मिलते रहें ये भी खुदा की मर्जी थी

(16)

न मिल सका मुझे वो बेवफा न था
था ही किसी और का वो मेरा न था
चला गया जो छोड़कर, वो दोस्त मेरा था
याद आएगा वही जो दिल से जुड़ा था

(17)

रंजिशों से दूरियां नहीं होती
रंजिशें तो नफरते बढाती है
फासलों का हिसाब रखने में
कब अल्फाज गिने जाते है

(18)

छुप छुप के तुम्हे देख लेते है इस तरह ।
तुमको खबर न हो ज़माना हो बेखबर ॥
वो राज मेरे साथ ही हो जायेगा दफ़न ।
हर बार रूठ जाते हो जिसे बताने पर ॥

(19)

आज कल किसके करीब रह रहे हो?
दिल की धड़कन दूर से ही सुन रहे हो ॥
क्यूँ मुझे अजनबी से लग रहे हो?
याद शायद तुम हमें ही कर रहे हो ॥

(20)

जिंदगी का हाल चाहे जो भी हो
दिल के हालात पे काबू रखो
बेशुमार गम हों चाहे खुशिया हों
अपने जज्बात पे काबू रखो

(21)

हम तो तब तक यकीन करते है।
शक की जब तक कोई वजह न हो ॥
कोई सवाल हम किसी से क्यों पूछें।
जब हमें पूछने का हक़ न हो ॥

(22)

ऐसा नहीं कि अब मुलाकात नहीं होती।
बस,अब पहले सी कोई बात नहीं होती ॥
सीने में हैं जजबात वही चाहत रूहानी।
लेकिन किसी से अब कोई चर्चा नहीं होती ॥

(23)

तू सोचता है मुझे क्या पता?
मैं सोचता हूँ छुपाया था क्यूँ?
तेरी ख़ुशी जिसमे,तूने किया।
हक़ रोकने का किसीको था क्यूँ?

(24)

होती है मगर उस तरह नहीं होती।
बात मुलाकात खुल के अब नहीं होती ॥
टूट जाने का डर जरा जरा सी बातों पर।
रिश्तों में अब मजबूती वो नहीं होती ॥

(25)

केवल अच्छी यादें लिए जा रहा हूँ मैं
तेरे लिए सुकून छोड़े जा रहा हूँ मैं।।
खुश है? जो हासिल किया तूने फरेब से?
दुआ तेरी खातिर भी किये जा रहा हूँ मैं

(27)

दर्द का अपने यूं न इश्तेहार करो
हर चोट पे आँखें न अश्कबार करो
जिंदगी में किसे मिला सब कुछ
सुकून पाओगे अगर दुश्वारियों से प्यार करो

(28)

बेवफा यूं ही वो हो नहीं गया होगा
वक्त के हाथों मजबूर हो गया होगा
हमने ढूँढा था बहुत किस्मत की लकीरों में
किसको था मालूम वो चुपचाप मिट गया होगा

(29)

भरी महफ़िल में तेरा नाम उछाला उसने
मेरे जख्मों पे नमक इस तरह डाला उसने
मैं तो खामोश रहा दर्द निगाहों ने कहा
मेरी ख़ामोशी का भी मतलब निकाला उसने

(30)

ये कैसा मोड़ आया जिंदगी में
सभी मिलते हैं अजनबी की तरह
कहीं मैं खुद को न भुला बैठूं
दिल मेरा टूटा है आईने की तरह

(31)

खुदा का फैसला मंजूर करो
वही हुआ है जो कि होना था
मेरे हमदम हमारी किस्मत में
यूं ही मिलना था और बिछड़ना था

(32)

अलग लोगो के ख़यालात भी अलग होंगे
सही गलत का पैमाना भी मगर होगा
फैसला तब हो जब और भी सही माने
अपने नजरिये से हर शख्स सही ही होगा

(33)

कोशिश करके देखलो
मुझको कभी भुला न पाओगे
अगर भुलाया कमल को तुमने
खुद को कहाँ से लाओगे

(34)

इन्तेजार ख़त्म होता ही नहीं
जिंदगी खत्म होने आ गयी
जान है पर जिंदगी के बिना
रूह तनहा तनहा रोती रह गयी

(35)

खत तो आज भी लिखता हूँ वैसे ही कमल।
दिल के पन्ने हैं यादों की रोशनाई है॥
खुद ब खुद खत उसका पता ढूंढ लेते है।
खुद से ज्यादा जिसको याद मेरी आई है॥

(36)

थोड़ा वक्त और, संभल जाऊँगा
हाँ ... शायद थोड़ा बदल जाऊँगा
हैरान खुद हूँ इन हालातो पर
इनको भी यही बदल जाऊँगा

(37)

ये कैसा कायदा है ऐ मेरे परवरदिगार।
जिंदगी देते हैं जो उनको ही आग देते है॥
दुनिया देखते है चढ़ के जिनके कन्धों पर।
कन्धों पे रख के उन्हें ही अलविदा कर देते है॥

(38)

भूल जाना तो नाममुकिन है।
कोशिश भी गुनाह है लेकिन ॥
याद करने से भी क्या हासिल।
आसुओं और तड़प के सिवा ॥

(39)

सोचता हूँ अब उसे न सोचूँ
चाहता हूँ अब उसे न चाहूँ
मगर कम्बख्त मेरे दिल दिमाग
वही करते है जो मैं न चाहूँ

(40)

साथ है सब, मगर अकेले है
क्या अजब ये दिलों के मेले हैं
कोई किसी को समझता ही नहीं
जिंदगी ने कैसे खेल खेले है

(41)

लोग मेरी बातों को अपनी तरह से सोचेंगे
किस बात से क्या अर्थ निकालेंगे, पता नहीं
लेकिन ये तय है बात कि जो सोचते हैं वो
मेरी उलझनों का वो कभी मुद्दा रहा नहीं

(42)

रहने दे, भरम में जीने दे
सच को परदे में रहने दे
तू खुश रह अपनी दुनिया में
मैं खुश हूँ तेरे ख्यालों में

(43)

अपनों को खोया है
जी भर के रोया है
फिर भी कमल न जाने
क्यूँ अब तक सोया है

(44)

उसको अपनी सादगी पर भी बहुत गरूर था
महफ़िल में तनहा ही खड़ा रहा वो देर तक
तवज्जो नहीं मिली तो ये कह के चल दिया
तमीजे बज्म आएगी इनको भला कब तक

(45)

उसको मना भी लूँगा अपने सुकून की खातिर
मगरइससे क्या मुझे वापस वो फिर मिल जायेगा
वो एक चिंगारी जो अब तक बन चुकी शोला कमल
क्या मेरे अरमान ए दिल को बिन जलाये जायेगा

(46)

गुनाहों से तौबा कर ले तू पहले
दागों को अश्को से धोले तू पहले
नजरें मिला पायेगा रूह से भी
दिल से बुराई दफा कर तू पहले

(47)

हम अचानक उन्हें याद आने लगे
उनको हम कमल फिर से भाने लगे
हाले दिल पे मेरे मुस्कुराते थे वो
जाने कैसे वो आंसू बहाने लगे

(48)

भूल जाना चाहता हूँ तुमको मैं सदा के लिए
तुम मेरी याद में तड़पो मगर ये चाहता हूँ
मैं रहूँ गुमनाम, तुमसे ना मिलूँ मुश्किल नहीं
हर घडी तलाश तुमको मेरी हो ये चाहता हूँ

(49)

आज उसका ख्याल फिर आया
क्या हुआ जो दिल ये मेरा भर aaya
सोई हुई यादें फिर जवान हुई
ख्वाबों में सारी रात वो नजर आया।

(50)

मिलते भी नहीं ज्यादा बातें भी नहीं होती
हम जैसी करीबी भी किसी की नहीं रही
एक दूसरे को खुद से अधिक जानने लगे
अब हाल पूछने की भी जरूरत नहीं रही

(51)

मन पर बोझ लिए फिरते हो,
इतना गुमसुम क्यूँ रहते हो?
हंसी खोखली झूठे सुख का,
आडम्बर तुम क्यूँ करते हो?

(52)

रफीकों की कमी उसको अभी कहाँ होगी
मेरी आवाज अभी उस तलक न पहुंचेगी
थोडा वक्त जाने दो थोड़ी उम्र ढलने दो
सिर्फ मेरे पास उसके जख्म की दवा होगी

(53)

थोड़ा व्यस्त हूँ इसलिए अस्तव्यस्त हूँ।
वैसे मस्त हूँ व्यस्तता का अभ्यस्त हूँ॥
कुछ दोहरे चरित्र वालों से त्रस्त हूँ।
नकाब पहने बहुरूपियों से पस्त हूँ॥

(54)

हर सुबह शाम बदल जाता है
तू वो नहीं जो नजर आता है
मैं जानता हूँ तू महज धोखा है
फिर भी दिल क्यूँ तुझी पे आता है

(55)

ज़रूर मेरी तरह सोचता वो भी होगा
अश्कों से पलकें भिगोता वो भी होगा
कराहता भी होगा मजलूमों के दर्द में
बेचारगी में मन मसोसता वो भी होगा

(56)

मतलब था हमसे जब तक वो मौन ही रहा
हर बात पे मतलब अब हमसे पूछता है
मेरे सवालों का नहीं देता कोई जवाब
हर सवाल पर वो सवाल पूछता है

(57)

थोड़ी फुरसत है, तो कुछ रस्में निभाई जाएँ।
किसी से रूठा जाए, किसी को मनाया जाये ।।

(58)

वफ़ा किसको कहते है क्या है बेवफा होना
हालात के हाथों में है इंसान का हंसना रोना

(59)

उन्हें तो चाहिए ही बस बहाने रूठ जाने के
हमारे पास भी है पर हुनर उनको मनाने के

(60)

मिलने की उमंग न बिछड़ने का गम
अब भी ये कहोगे कि बदले नहीं हैं हम?

(61)

मेरी बात और है तेरी बात और।
वो मेरा दौर था ये तेरा दौर॥

(62)

मिलने की बात पर वो उसका मुकर जाना
उसने बता दिया मैंने समझ लिया

(63)

ऐसा नहीं कि हमको लिखना नहीं आता
किस पे चलायें तीर, सारे तो अपने है

(64)

खामोश हैं अगर हम कमजोर न समझो
कुछ सोच के चुप है अब बाज भी आ जाओ

(65)

बदलता आदमी है, पत्थर नहीं
मेरी खातिर तुम पत्थर ही रहो

(66)

वो थोड़ा बताना उसका और काफी कुछ छुपा लेना
क्या वो भी ये समझता है कि कमल सब समझता है?

(67)

हमने तो उससे कमल बस एक शिकायत की थी
और उसको दूर जाने का बहाना मिल गया

(68)

हम भी तो नादान थे क्या क्या समझ बैठे थे यार
उसके आदर को न जाने क्यों समझ बै ठे थे प्यार

(69)

रौशनी बिखेरने की कीमत चाहिये तुझको?
मत भूल, तू चिराग है। सौदागर नहीं है

(70)

चिराग। तेरा फ़र्ज़ फ़क़त दूर अँधेरे करना
और उजाले को जिन्दा रखना जान रहने तक

(71)

नदी ने कब मांगी तुमसे बहने की कीमत
तेरे मैल बस धोती रही, गुनाह देखती रही

(72)

कुल्हाड़ी मारने के वक्त सुन पाओ अगर
पेड़ सिसकता है जब शाखें अलग होती है

(73)

उंगलिया उस पर ही उठ रही थी उसकी मौत पर
अब राज ये खुला कि वो तो मर गया था भूख से

(74)

रिश्तों के मायने बदलते गए हालात के साथ
खुद को कमल ख़त्म करता गया जज्बात के साथ

(75)

हमने महसूस किया फर्क उनकी साँसों में
वो मगर कहते रहे कुछ भी नहीं बदला, कमल

(76)

हम तो समझते थे उसे रहनुमा मगर
जब पास से जाना तो वो लाचार सा लगा

(77)

रूठना, लड़ना मनाना, मान जाना भी जरूरी है
किसी ने कहा था मुझसे कि इससे प्यार बढ़ता है

(78)

ख़बरों से बेखबर हूँ खुद की खबर नहीं
मेरी खबर किसे है मुझको खबर नहीं

(79)

हम तो आये थे सुनाने 'कमल' उनको हाल-ए-दिल
खुदा जाने उनको किस बात पे हंसी आई

(80)

चेहरे से मुझे आज वो मगरूर सा लगा
बैठा था मेरे पास मगर दूर सा लगा

(81)

मंजिल पे ठहर जाना तो मकसद नहीं
ऐ काश ये तलाश हमेशा बनी रहे

(82)

उम्र के हर पत्थर पे तलाशा तुमको
तुम्हारी शक्ल में हर बार मिला और कोई

(83)

पूछिए इन पर्वतों से इनके इरादे क्या हैं?
ये निभाते जा रहे चुपचाप, वो वादे क्या हैं?

(84)

कहाँ छोड़ आये वो मासूमियतें?
वक्त ले गया या बड़े हो गए?

(85)

बहुत घुटन थी तेरी हवेली में, आ गया घर मैं जिंदगी के लिए
अपनी रियासत बना, सियासत कर, तू बना नहीं किसी के लिए

(86)

तुमने कहा होता तो हमने तो सुना होता
बात दिल की थी दिल से तो कहा होता

(87)

अफ़सोस मैंने अपना जमीर खो दिया
लोग कहते हैं कि मैं अमीर हो गया ।।

(88)

इतनी मक्कारी आखिर कहाँ से लाते हो?
दगा करके भी वफादार कहे जाते हो?

(89)

मिलना जुलना तो होता रहा उम्र भर।
मैं उसे न मिला वो मुझे न मिला ॥

(90)

बड़े तरीके से जलील कर गया।
था बहुत अजीज, पर अजीब कर गया

(91)

किसी के शब्द बाणों ने जो सीना चीर डाला।
तुम्हारे मौन ने भी तो नमक जख्मो पे डाला

(92)

कमल जो लिख पाता है सब मेहरबानी आपकी
नश्तर चुभोते जाइये ये कलम चलती जाएगी

(93)

उसके अश्कों की तपिश, पिघला किया मैं रात भर।
सुबह सब कुछ ठीक था, देखा जो वो एक ख्वाब था ॥

(94)

जागते है आज कल वो रात भर किसके लिए?
चाँद तारे रोज आते है मगर किसके लिए?

(95)

कोई उम्मीद नहीं कोई शिकायत भी नहीं।
हालात गुनहगार हैं तू नहीं मैं भी नहीं॥

(96)

महफ़िल में हर एक शख्स तो तपाक से मिला।
हम जिससे मिल सकें कोई ऐसा नही मिला॥

(97)

सादगी की नुमाइश का अंदाज भी निराला था।
सब कुछ लगा था सच, झूठ साबित होने तक॥

(98)

जब भी पूछता हूँ खुद से, कौन हूँ मैं ?
लगते हैं लोग पूछने, क्यूँ मौन हूँ मैं ?

(99)

खुद को देख लेता हूँ यूँ भी कभी कभी
अच्छा हूँ या बुरा हूँ सोचा नही कभी

❑❑❑